Janosch
Mutter sag,
wer macht die Kinder?

Der Text dieses Buches entspricht den Regeln der neuen deutschen Rechtschreibung.

ISBN 3-8094-1387-9

© 2002 by Bassermann Verlag, einem Unternehmen der Verlagsgruppe
Random House GmbH, 81673 München

© der Originalausgabe by Mosaik Verlag, einem Unternehmen der Verlagsgruppe
Random House GmbH, 81673 München

Die Verwertung der Texte und Bilder, auch auszugsweise, ist ohne Zustimmung des Verlags urheberrechtswidrig und strafbar. Dies gilt auch für Vervielfältigungen, Übersetzungen, Mikroverfilmung und für die Verarbeitung mit elektronischen Systemen.

Umschlaggestaltung: Petra Dorkenwald unter Verwendung einer Illustration von Janosch
Redaktion dieser Ausgabe: Stefanie Rödiger
Herstellung dieser Ausgabe: JUNG MEDIENPARTNER, Niedernhausen

Die Ratschläge in diesem Buch sind von Verlag und Autor sorgfältig erwogen und geprüft, dennoch kann eine Garantie nicht übernommen werden. Eine Haftung des Autors bzw. des Verlags und seiner Beauftragten für Personen-, Sach- und Vermögensschäden ist ausgeschlossen.

Reproduktion: Arti Litho, Trento, Italien
Druck: Těšínská tiskárna, a. s., Český Těšín
Printed in the Czech Republic

817 2635 4453 6271

JANOSCH

Mutter sag,
wer macht die Kinder?

Bassermann

Einmal sagte Tütü zu ihrer Mutter: »Ach, Mutter, sag doch mal, wer macht die Kinder?« Die Mutter nahm den Deckel vom Kochtopf, rührte mit dem Kochlöffel in den Erbsen und sagte: »Die Kinder machen der Vater und die...« Doch just da, als sie weitersprechen wollte, schlich sich

der freche Kater Mikesch an und drückte am kleinen Mäusehaus hinter der Scheune die Türklinke mit seinen scharfen Krallen herunter, denn er wollte die Mäuse fressen.

Zuerst den Werner, so hieß das erste Mäusekind.

Dann den Piller, so hieß das zweite Mäusekind.

Dann Emilchen und dann Tütü und die Mutter.

Der Vater war noch nicht zu Haus,
war auf dem Feld, die Ernte einholen.
Und wie der Blitz und eine wilde Nudel

waren sie verschwunden. Piller in Mutters altem Strohhut. Werner im Brotkorb. Emilchen in der Zuckertüte. Tütü unter dem Fußteppich und die Mutter in dem gelben Eimer.

»Na gut«, knurrte der freche Mikesch, »dann fresse ich euch eben morgen. Einmal erwischt Mikesch jede Maus.«
Falsch gedacht, elender Halunke. Nicht *jede* Maus erwischst du.

Sie blieben in ihrem Versteck, bis der Vater nach Hause kam. Er hatte einen Rucksack voll Weizenkörner auf dem Feld und Kuchenkrümel beim Bauern Rudepudel in der Küche geerntet. Rudepudel wohnte mit in ihrem Haus, aber auf der anderen Seite von der Scheune. Mit seiner Frau und seinen Kindern Felix und Kathrinchen. Und auf dieser Seite der Scheune, schön gelegen, nur sieben Zentimeter vom Weizenfeld entfernt, stand das kleine Mäusehaus.

»Das ganze Feld bis zum Ende der Welt gehört uns, nicht wahr, Mutter?«, fragte Tütü.

Und die Mutter sagte: »Ja.«

Mikesch wohnte überall, denn er war ein Vagabund. Nachts schlief er bei Kathrinchen im Bett, so gut ging es ihm.

»Das war ein Tag voll harter Arbeit und Gefahr«, sagte der Vater und stellte den Rucksack auf den Boden.

Indes bereitete die Mutter das Abendessen.
»Weizenkornmüsli als Vorspeise, denn
Müsli schärft die Zähne und den Verstand.
Erbsensuppe als Hauptspeise, denn
Erbsensuppe füllt den Magen, vertreibt den
Hunger und stärkt die Muskeln. Kuchenkrümel
als Nachspeise, denn Nachspeise ist die beste
Speise. Sie macht glücklich und froh. Jedoch zu
reichlich genossen, erzeugt sie Bauchweh
und Magengrimmen, merkt euch das!«

Nach dem Essen fragte Tütü: »Hast du den
Kater Mikesch gesehen, Vater?«

»Gesehen?«, rief der Vater. »Nicht nur gesehen! Ich habe ihn an den Ohren gezogen, ich habe ihm den Bart gelupft. Ich habe ihn sogar verprügelt!«

Und weil die Mäusekinder es genau wissen wollten, erzählte der Mäusevater, wie er auf dem Weizenfeld die Körner von den Halmen sichelte. Wie er sie dann in den Rucksack gepackt hat und den Rucksack mühsam auf den Rücken lud. Dann sei er durch den finsteren Huflattichhain gestiefelt. Und dort - am Ende - hinter einem Ginsterbusch stand plötzlich Mikesch. Um ihm aufzulauern und ihn zu fressen.

»Ich gehe an ihm vorbei, sehe ihn nicht, er stürzt sich von rückwärts auf mich. Ich aber nehme ihn in den Schwitzkasten und ziehe seine Nase nach unten. Dann lande ich einen harten Bolzen auf seinem Schnuller, und er segelt ab, Kameraden, segelt bis ... Dings. Bis Bollerbühe...«

»Wo liegt denn Bollerbühe, Vater?«, fragte Emilchen, der kleine Dummkopf.

»Schweden«, sagte der Vater. »Oder dort in der Nähe.«

Ach, wer doch einen Vater hätte, der so schön lügen kann, der wäre gut dran, denn er bräuchte fürwahr keinen Fernseher mehr.

Tütü glaubte das alles nicht. Tütü war nicht dumm, sie ging schon in die Schule und konnte fast schon lesen und schreiben.

Bald darauf gingen die Mäuse ins Bett.
»Piller darf im Brotkorb schlafen«, sagte die
Mutter, »und Werner in der Käseschachtel.«
Emilchen schlief in einem Fingerhut, und
die Eltern schliefen in dem großen Bett in
dem großen Zimmer, beide zusammen,
weil sie dort die Kinder machen, wenn sie
Lust haben.

Und sie hatten große Lust.

Nur Tütü hatte ein eigenes Bett. Weil sie schon größer war als ihre Brüder. Aber auch, weil sie früher aufstehen musste: zur Mäuseschule. Und die Mäuseschule beginnt um acht.
Um sieben schrillerte der Wecker.

»Putz dir die Nase und wasch dir die Ohren, Tütü!«, rief die Mutter und bereitete das Frühstück.

Indes war der Vater längst auf dem Feld.
Als Tütü gefrühstückt hatte, zog sie die roten Schuhe an, warf den Schulranzenrucksack über die Schulter und stiefelte am Weizenfeld entlang in Richtung Kartoffelacker.
»Und verlier dein Pausenbrot nicht!«, rief die Mutter hinter ihr her.
»Pass auf den Traktor auf! Und dass der Mikesch dich nicht erwischt und dass du dein Kleidchen nicht schmutzig machst und nicht zu spät in die Schule kommst und nicht zu spät nach Haus...«
Ach, was Mütter doch immer so viel reden müssen! Die Kinder hören schon lange nicht mehr zu.

Tütü ging einen kleinen Umweg, um Diddi Neumann abzuholen. Diddi Neumann ist ein kleiner Maulwurf, der unter dem Kartoffelfeld wohnt und mit seinem grünen

Schulranzen schon bei der alten Blechdose auf sie wartete, indem er schlief.
Diddi Neumann ist Tütüs bester Freund und ein alter Herzensbrecher. Alle Mädels in der Schule sind heiß in ihn verliebt.

Wer ihn sieht, der ist seelisch total elektrisiert und fällt innerlich um. Tütü weckte ihn, nahm ihn bei der Pfote, und sie gingen weiter.

»Ich habe geträumt«, sagte Diddi Neumann, »dass ich ein Porsche bin. Zwölf Vergaser, fünf Gänge, und ich rase mit dreihundert Sachen und voll auf die Hupe über die Autobahn. Irrer Traum, was?«

»Wahnsinnig irrer Traum«, sagte Tütü und verliebte sich in diesem Augenblick noch mehr in Diddi Neumann. Ihr wurde heiß und kalt, sie zitterte am ganzen Leib, und sie sagte:

»Küss mich, Neumann!«

Da ergriff Diddi Neumann Tütü mit seinen Pfoten und küsste sie vorn auf den Mund. Hinten bei den Lupinen, wo das Weizenfeld zu Ende geht.

Die Stelle des ersten Kusses vergisst niemand,
in seinem ganzen Leben nicht.

Und dieser war Tütüs allererster Liebeskuss seit ihrer Geburt.

Alles drehte sich in ihr und um sie herum. Sie sagte: »Wow! Ich glaub, ich werde ohnmächtig, halt mich, Diddi!«

Für Diddi Neumann war es der dritte Liebeskuss in seinem Leben. Er hatte schon zwei andere Mäusemädels geküsst und fing Tütü mit seinen starken Armen auf.

Er hielt sie unheimlich cool und sagte: »Ich kann irre gut küssen, was?«

Oben drehte sich der Himmel, die Erde schwankte, und hätte Diddi Neumann Tütü nicht mit starker Pfote gehalten, wäre sie versunken.

»Ja«, flüsterte Tütü mit letzter Kraft,
und Diddi Neumann sagte:
»Das sagen alle in der ganzen Schule.«
Da kam Tütü wieder zu sich, und sie
gingen weiter.

Doch sie hörten nichts und sie sahen nichts.
»Die Liebe macht blind«, sagt ein altes Sprichwort aus Omas Zeiten.
In ihren Seelen drehte sich ein Karussell.
Natürlich kamen sie viel zu spät in die Mäuseschule.

Da war gerade *Rechenstunde*

»Eins und vier ist fünf«, sagte Lehrer Schröder. »Zwei und drei ist fünf. Vier und eins ist fünf. Habt ihr das verstanden?«
»Jawohl«, rief Tütü, »alles ist fünf.«

»Also: Drei und drei ist? Na, Tütü?«

»Fünf«, rief Tütü.

Falsch, Tütü. Nicht alles ist fünf. Manches ist auch sechs oder sieben.

Aber die Liebe verwirrt den Verstand und vernebelt die Augen und verhindert die Rechenkunst.

Nächste Stunde: *Gesang*

Alle singen mit:
»Kater Mikesch hinterm Haus
holderiaro
lauert auf die kleine Maus
holderiaro

Kam ein Hundchen gegangen
hat den Mikesch gefangen
holderi und holdero
war das Mäuslein wieder froh
holderiaro.«

Nächste Stunde: *Pflanzenkunde*

»Nun lernen wir, wie die Kirsche wächst. Die Kirsche wächst an einem Baum, hundert und tausend Kirschen an einem Baum.
Im Frühling wächst zuerst die Blüte. Jede Blüte besteht außen aus den Blütenblättern, innen aus den Staubgefäßen mit den Pollenkörnern und dem Stempel. Nun muss mindestens ein Pollenkorn von den Staubgefäßen auf einen Stempel von einer Blüte gelangen und den Stempel befruchten. *Wenn der Stempel nicht befruchtet wird, wächst aus dem Stempel keine Kirsche.* Eine Biene fliegt vorbei und bekommt Lust auf Honig. In jeder Blüte gibt es ein wenig Honig. Die Biene kriecht nun mit ihrem Pelz und mit ihrem Rüssel und mit ihrer Lust auf Honig

in eine Blüte. Dabei bleiben ein paar
Pollenkörner an ihrem Pelz hängen.
Wenn sie dann auf die nächste
Blüte fliegt, fallen ein paar Pollenkörner
von ihrem Pelz auf den Stempel.

Ein Pollenkorn wandert in den Stempel und zum Fruchtknoten. Es befruchtet also den Fruchtknoten, und der Fruchtknoten wächst und wächst, vier Monate lang, bis der Sommer da ist. Dann wird aus dem Fruchtknoten eine Kirsche. Was haben wir gelernt, Diddi Neumann?«

»Wir haben gelernt, dass die Biene Lust auf Honig hat.«

»Jawohl«, sagte Lehrer Schröder.

»Und wir haben gelernt, dass *die Blüte befruchtet werden muss*, sonst wächst keine Kirsche.«

Diddi Neumann hatte nicht aufgepasst, denn Tütü hatte ihn wieder geküsst.

»Das Pollenkorn wird von der Biene zum Stempel gebracht. Dort wandert es zum Fruchtknoten und befruchtet ihn. Daraus wächst die Kirsche. Alles klar? Na also.«

Nächste Stunde: *Tierkunde*

»Nun lernen wir, wie das Hühnchen wächst. Das Hühnchen wächst aus einem Ei. Das Ei wächst in einem Huhn, das Huhn ist die Mutter des Hühnchens. Damit das Hühnchen wachsen kann, muss das Ei befruchtet werden.
Und wer befruchtet das Ei?«, fragte Lehrer Schröder.
»Eine Biene«, rief Leopold Quasselmax. Dafür bekam er eine Sechs eingetragen wegen Unfug.
»Der Hahn«, sagte Lehrer Schröder.
»Der Hahn bekommt Lust auf das Huhn. Das ist ungefähr so wie die Liebe...«

»Oh..., die Liiiiiebe!«, rief Tütü. »Wir wissen, wie die Liebe ist, Herr Schröder. Sie ist wie elektrisch. Wenn ich Diddi Neumann sehe, rieselt mir ein elektrischer Strom durch die Seele.

Mein Herz flattert, und ich bin ganz machtlos und muss Diddi Neumann küssen. Dann werde ich ohnmächtig.«
Diddi Neumann nickte ganz heftig mit dem Kopf und rief: »Ja. Genau so ist die Liebe.«

»Wenn der Hahn das Huhn erwischt hat, springt er auf seinen Rücken und spritzt mit seinem kleinen Piller...«

»Uhh«, rief Tütü, »meine Brüder haben auch einen Piller.«

»...spritzt er mit seinem kleinen Piller seinen Samen in das Huhn. Die Samenfäden wandern in dem Huhn zu dem Ei und befruchten das Ei. *Wenn das Ei nicht befruchtet wird, wächst in dem Ei kein Hühnchen.*«

»Genau wie bei der Kirsche«, rief Leopold und bekam diesmal keine Sechs, denn das war richtig.

»Das Huhn legt das befruchtete Ei in ein Nest und setzt sich so lange drauf, bis das Hühnchen in dem Ei immer größer wächst und nach drei Wochen aus dem Ei schlüpft. Was haben wir gelernt? Leopold!«

»Wir haben gelernt, dass die Kirsche befruchtet wird.«

»Weiter, was noch?«

»Und dass das Hühnerei

befruchtet wird. Der Vater des Hühnchens heißt der Hahn.«

»Bravo.« Leopold bekam eine Eins eingetragen. »Aber meine Mutter legt keine Eier«, rief Tütü. »Sie sagt, unser Vater macht die Kinder.«

Tütü wollte wissen, *wie* der Vater die Kinder macht, und Lehrer Schröder sagte: »Er macht sie so wie der Mensch.«

Nächste Stunde: *Menschenkunde*

»Der Mensch ist etwas größer als eine Maus. Wir lieben ihn nicht, denn er raubt unsere Ernte auf den Feldern und stellt Mäusefallen auf. Er unterscheidet sich von der Maus, indem er kein so schönes Fell hat, er kann nicht so schnell laufen, und er hat hinten keinen Schwanz. Der männliche Mensch hat nur vorn einen Schwanz, den nennt er Pimmel oder Piller...«
»Meine Brüder haben aber auch kleine Piller«, redete Tütü dazwischen.
»Aber richtig heißt er Penis...«, sagte Herr Schröder.
»Ach du meine Güte!«, rief Tütü. »Welch ein verrückter Name.«
»Wenn der Mensch erwachsen ist, kann er mit dem Penis bei der Frau Kinder machen. Er wird dann der Vater, und sie wird die Mutter.«

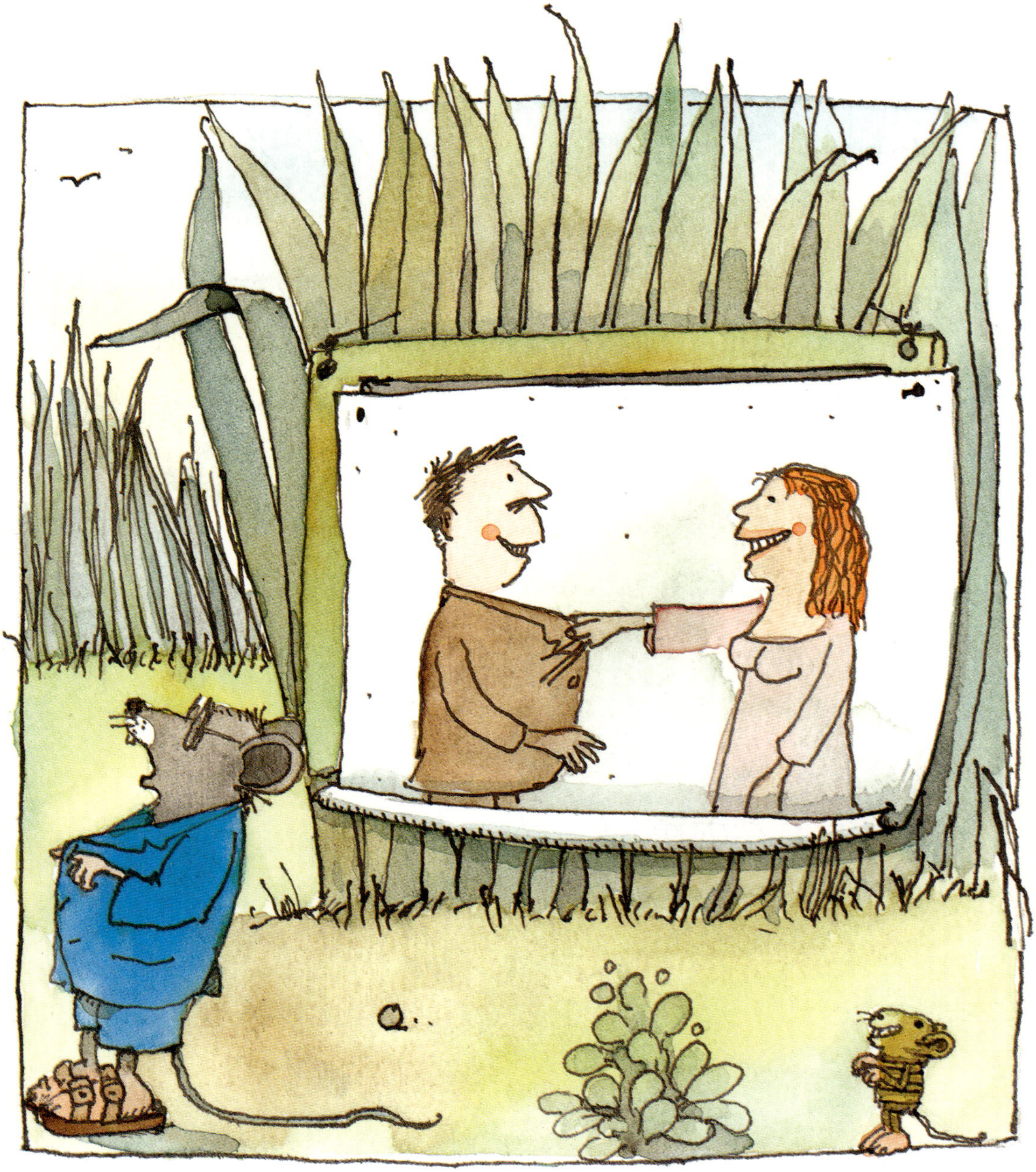

»Ach«, rief schon wieder Tütü, »und was macht dabei die Frau, Herr Schröder?«
»Das machen sie so: Wenn die Frau Lust bekommt, sagt sie zu ihrem Mann: ›Ach, Walter, ich liebe dich. Küss mich doch mal! Hast du Lust dazu?‹

Dann küsst der Mann die Frau, denn dazu hat er fast immer Lust, und sie legen sich ins Bett oder auf die Wiese oder wohin sie wollen.
Meistens ziehen sich die Menschen dabei aus und umarmen sich wie die Schling-pflanzen im Wald.

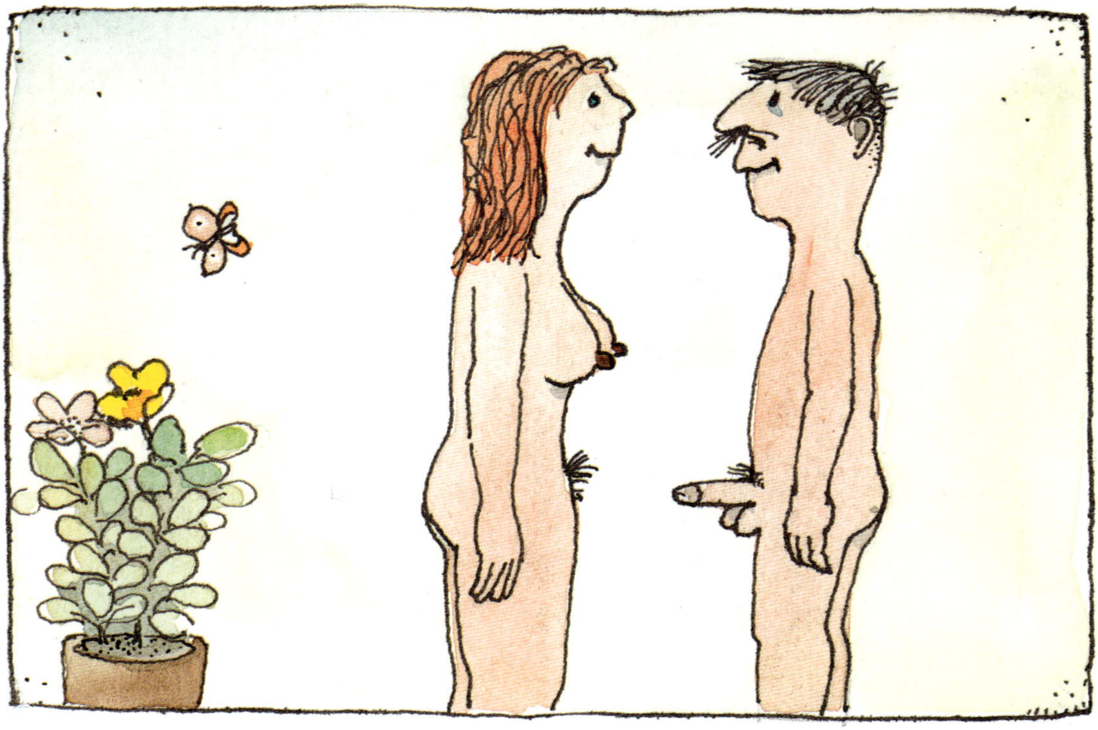

Manchmal legt sich der Vater oben auf die Mutter und manchmal die Mutter oben auf den Vater. Und manche machen es wie wir. Wie die Mäuse. Vorn ist die Mutter und hinten der Vater.«

In der letzten Reihe umarmte gerade Tütü Diddi Neumann wie eine Schlingpflanze und küsste ihn schon wieder auf den Mund.

»Dann steckt der Vater seinen Piller...«
»Oh«, rief Leopold, »das tut unser Vater auch. Steckt ihn in Mutters Puschel...«
»Das heißt Vagina«, sagte Lehrer Schröder.
»...und spritzt seinen Samen in die Mutter.

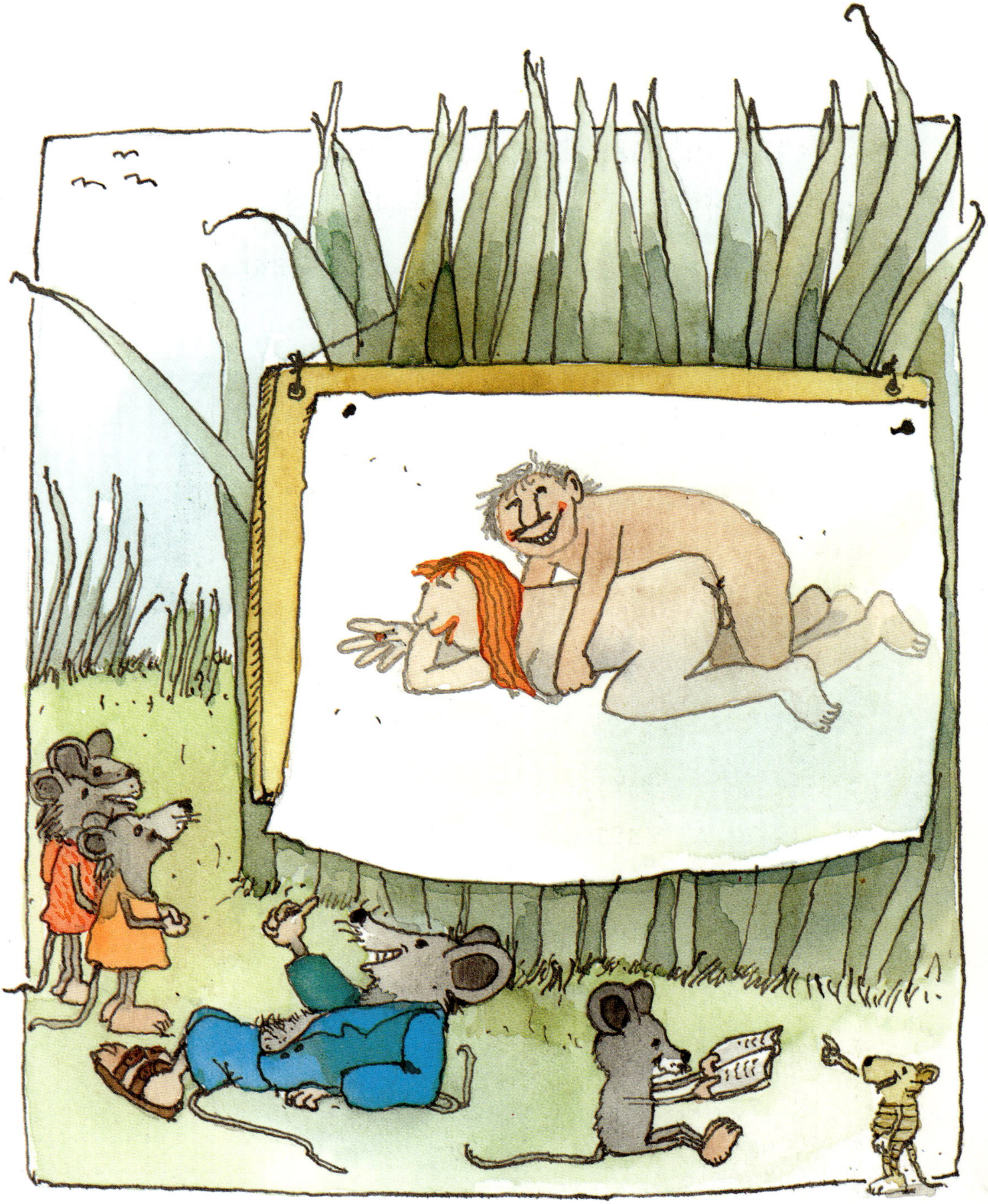

In der Mutter wächst jeden Monat ein Ei.
Der Samen wandert zu dem Ei und
befruchtet es.
Und so entsteht ein Kind. Das Kind wächst
neun Monate, dann wird es geboren, indem
es aus der Vagina herauskommt.
*Wenn das Ei nicht befruchtet wird, kann kein
Kind daraus werden.*«
»Genau wie bei der Kirsche und wie beim
Hühnchen«, rief der schlaue Leopold.

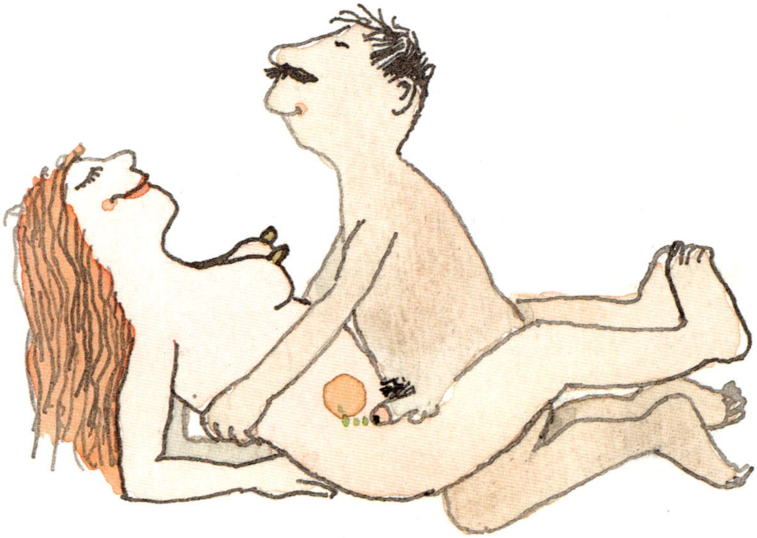

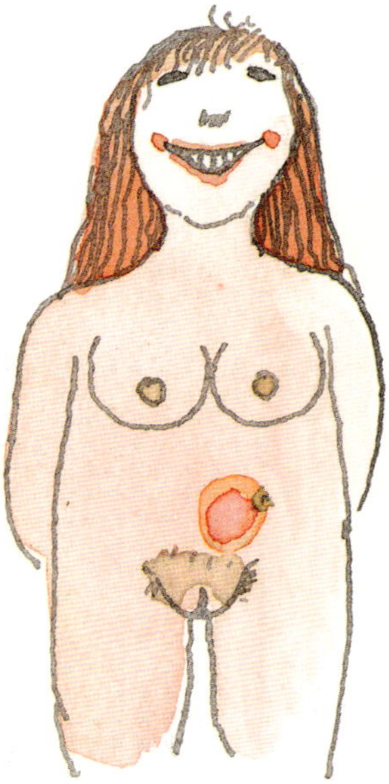

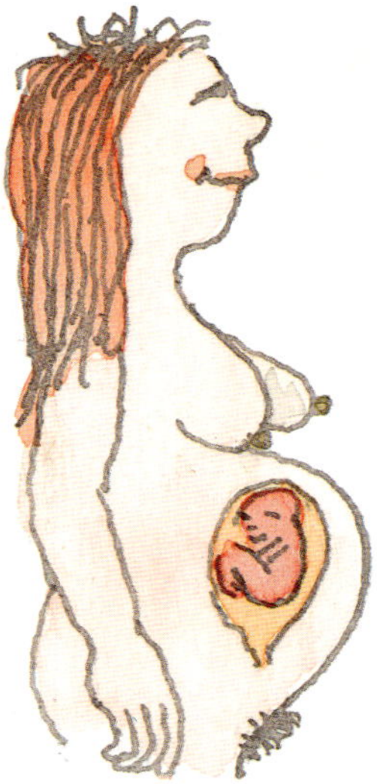

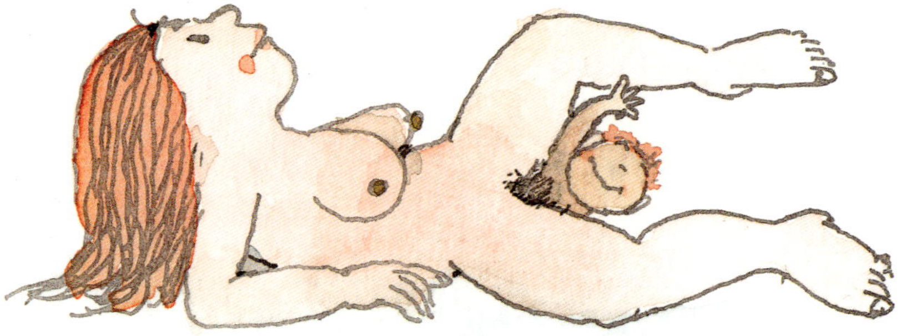

»Und genauso macht es euer Vater«, sagte Lehrer Schröder. »Nur bekommt eure Mutter nicht nur ein Kind, sondern locker neun Kinder.«

»Wir haben aber nur vier Kinder«, rief Tütü. »Weil nämlich zwei fraß der freche Mikesch. Eines fiel in eine Grube, und zwei haben sich verlaufen.«

Dann war die Schule aus. Tütü und Diddi Neumann machten einen kleinen Umweg durch den Wald, denn Liebespaare gehen gern spazieren. Einmal küsste Diddi Neumann Tütü und dann Tütü den Diddi.

Als sie nach Hause kamen, war es schon spät. Bei den Mäusen gab es heut ein kleines Stück Wurst, das hatte der Vater in der Hundehütte geraubt.

Nach dem Essen aber sagte die Mutter:
»Walter, ich liebe dich, küss mich doch mal.
Hast du Lust?«
Dann nahm sie den Vater bei der Pfote und
zog ihn in das Bett.

Und sie machten genau das, was die Menschen machen.

Tütü aber brachte ihre Brüder zu Bett. Den Piller in den Brotkorb, den Werner in die Käseschachtel, Emilchen in den Fingerhut. Sie selber ging hinauf zum Bauern Rudepudel fernsehen. Es gab den schönen Film »Die Maus erobert das Weltall«.